TINTIN
ses amis et toi

le capitaine Haddock

Milou

Nestor

Dupont

Ce cahier appartient à

Moi

Dupond

le professeur Tournesol

Bianca Castafiore

Tintin

éditions moulinsart

Qui dit quoi?
Choisis le texte qui convient

Cornichons!...Marins d'eau douce!...
Ectoplasmes!...
Bachi-Bouzouks!

Sapristi!...Ma..
ma chique!...

Mon pauvre Milou, comment
allons-nous nous tirer de là?...

Moi...moi...
moi aussi!...
Avalée!...

Mille milliards de mille
millions de mille sabords!

Tirez!...Tirez!...Mais tirez donc,
saperlipopette !...

Mets du mouvement dans les images
Choisis l'autocollant qui convient

Retrouve les poissons
Choisis l'autocollant qui convient

Leur corps est bleu et blanc et leurs nageoires sont orangées. Ils sont minuscules.

Ils sont rouges. On les reconnaît grâce à leur gros ventre rose et à leurs yeux globuleux. Retrouve-les.

C'est un très grand poisson! Il est rapide et c'est un redoutable chasseur…

LA PAGE DES INJURES
Choisis les autocollants et crie les injures à la manière des perroquets!

Tintin, le capitaine Haddock et leurs amis débarquent sur l'île où l'ancêtre du capitaine aurait caché un trésor... Ils sont surpris d'entendre que les perroquets se sont transmis le vocabulaire du Chevalier de Hadoque!

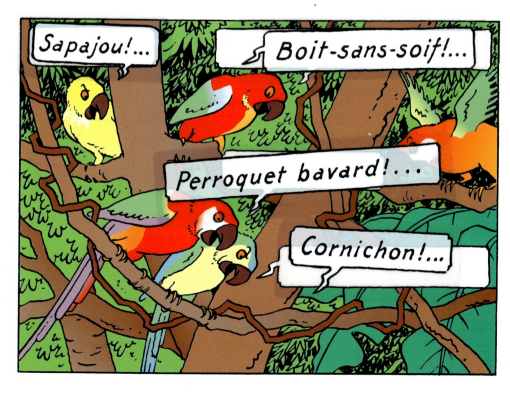

Complète les images
Choisis et place l'autocollant qui convient

Attention!!
Un dangereux poisson a repéré la main du capitaine Haddock!
On ne le voit pas en entier car le reste de son corps est sous l'eau...
Qu'est-ce que c'est?

Un aileron de requin!
Le trésor de Rackham le Rouge (page 32)

Cette fois ce n'est pas un vrai requin,
mais une invention du professeur Tournesol.
Qu'est-ce que c'est?

Le sous-marin du professeur Tournesol.
Le trésor de Rackham le Rouge (page 32)

Qui a mis le scaphandre
pour aller sous l'eau et
a oublié le casque avant de plonger?
Il va s'asseoir et ...
Qui est-ce?

Le capitaine Haddock,
Le trésor de Rackham le Rouge [page 43]

Un gros crabe a trouvé
son orteil appétissant!
Qui s'est fait pincer?

Dupont,
Le trésor de Rackham le Rouge [page 25]

Imagine ton image

IMAGINE TON IMAGE

SOLUTIONS
Les cases originales de Hergé.

Qui dit quoi?

La page des injures

Mets du mouvement dans les images

Complète les images

Retrouve les poissons

D. 2003
ISBN: 2-87424-006-0
Droits de reproduction, traduction et adaptation réservés pour tous pays.
Toute reproduction même partielle de cet ouvrage est interdite.
Reproduction, translation and adaptation rights reserved for all countries.
Any reproduction even partly of this work is forbidden.